COUP D'OEIL

SUR L'HISTOIRE

DE LA

MAISON D'AUTRICHE

ET

CONSÉQUENCES DE LA SITUATION

QU'ELLE OCCUPE EN EUROPE

PARIS

E. DENTU, LIBRAIRE-ÉDITEUR

PALAIS-ROYAL, 13, GALERIE D'ORLÉANS

1860

COUP D'OEIL

SUR L'HISTOIRE

DE LA

MAISON D'AUTRICHE

ET

CONSÉQUENCES DE LA SITUATION

QU'ELLE OCCUPE EN EUROPE

PARIS

E. DENTU, LIBRAIRE-ÉDITEUR

PALAIS-ROYAL, 13, GALERIE D'ORLÉANS.

1860

COUP D'ŒIL

SUR

L'HISTOIRE DE LA MAISON D'AUTRICHE

Aucune maison souveraine n'a régné sur autant de peuples, aucune n'a exercé, dès le quinzième siècle, autant de prépondérance sur la solution des questions les plus importantes en Europe, que la maison de Habsbourg. Les couronnes d'Allemagne, de Bohême et de Hongrie, électives de droit, sont devenues de fait héréditaires dans cette famille. L'Espagne, le Portugal, la majeure partie de l'Italie, presque toutes les possessions de la puissante maison de Bourgogne, l'Angleterre elle-même, sous le règne de Marie Tudor, ont subi sa domination. On peut dire que, depuis la chute des Carlovingiens, les Habsbourgs furent les premiers à soulever, parmi les princes et les peuples chrétiens, les craintes sérieuses de l'établissement d'une monarchie universelle, en donnant le spectacle d'une ambition immodérée, qui finit toujours, il est vrai, par la punition infligée à l'orgueil, mais qui n'en laisse pas moins pour un demi-siècle l'Europe énervée et dépeuplée par des batailles, épuisée et apauvrie par de folles et improductives dépenses.

C'est aussi la maison de Habsbourg que les protestants accusent d'avoir arrêté le mouvement de la réforme, et que, par contre-coup, les auteurs catholiques louent d'avoir sauvé le culte romain menacé, dans le temps de sa plus grande puissance, depuis le midi de la France jusqu'au fond de la Livonie, attaqué même sourdement dans les deux péninsules et dans les pays slaves. Et si la vaillance des chevaliers de Malte, les vaisseaux de la reine de l'Adriatique, la puissance des Jagellons, et, plus tard, le sabre de Sobieski, ont servi longtemps de barrière aux invasions musulmanes, c'est, sans contredit, la bataille de Lépante et les longues et sanglantes guerres soutenues par la maison d'Autriche sur les bords du Danube, qui arrêtèrent définitivement et brisèrent la puissance des Turcs.

Certes, une telle puissance déployée avec énergie et persévérance n'est pas sans gloire ; et si, d'une part, l'histoire accuse à juste titre les Habsbourgs d'avoir nourri une ambition par trop orgueilleuse, et d'avoir gouverné des peuples de toutes les races avec un despotisme par trop inflexible ; d'autre part, elle ne peut pas leur refuser le mérite d'avoir courageusement supporté le choc terrible de deux adversaires furieux, et, par cela même, excessivement dangereux pour l'Europe à peine sortie du chaos du moyen âge, le choc du protestantisme portant la révolution politique dans son sein et celui de la puissance turque.

Cependant la guerre de Succession, après la mort du dernier souverain de la branche espagnole, ôta à la maison d'Autriche la moitié de ses possessions, et, un siècle plus tard, le glaive de Napoléon, mettant fin à l'empire d'Allemagne, ne lui laissa que l'humiliante perspective d'un triste antagonisme au sein de l'antique Germanie, avec une puissance de fraîche date, sortie de trois révolutions consécutives ; car la Prusse, malgré toutes ses prétentions à l'honneur d'une vieille monarchie légitime, ne doit son existence, comparativement nouvelle, qu'à trois révoltes : d'abord, à la révolte qui changea l'ordre militaire des Chevaliers Teutoniques en un petit duché dépendant de la couronne de Pologne, puis à celle des ducs de Prusse contre léurs bienfaiteurs et suzerains les rois de Pologne, et enfin à la hardiesse peu patriotique des Hohenzollerns qui, par la création d'un royaume indépendant de la couronne impériale, élevèrent, pour ainsi dire, autel contre autel en Allemagne et brisèrent définitivement l'unité de l'Empire.

Et pourtant, la maison d'Autriche, ainsi limitée dans ses possessions et dans son pouvoir, commande encore à une population de quarante millions ; elle est capable de remuer, par l'analogie des principes ou par sa nationalité, un élément puissant en Italie ou en Allemagne ; elle rivalise, à cause de ses possessions slaves ou roumaines, avec la Russie dans l'Empire turc ébranlé ; elle trouve enfin un appui moral à sa politique générale dans les sympathies de la cour de Rome qui, malgré les lois joséphines ou le concordat, reste depuis la première révolution française immuablement fidèle à l'Autriche.

La politique traditionnelle, active, persévérante, agit dans toutes ces directions avec l'inflexibilité d'un système et d'un droit imaginaire ou non, mais accepté par sa conscience.

C'est beau ! mais voici le revers de la médaille. Dans chaque direction, la politique de la maison d'Autriche rencontre une question à résoudre, dont elle est *la négation*. Partout, elle se dresse comme un droit divin; mais ce droit, désastreux en soi-même pour les populations hétérogènes de l'empire, n'a plus pour le reste de l'Europe d'autre raison d'être qu'une grande et légitime crainte d'un immense bouleversement; ou, en d'autres termes, c'est le droit d'une dynastie qui est réduite à n'être que le lien d'un empire factice, mais dont la chute, faisant un vide au milieu de l'Europe, déplacerait les poids de l'équilibre, précipiterait la solution des questions, les unes, il est vrai, imminentes, les autres dangereuses à aborder.

Ainsi, l'indépendance de l'Italie qui vient de coûter tant

de sang ; la centralisation de l'Allemagne que les Habsbourgs n'ont pas pu ou n'ont pas su résoudre, question grave qui passe à présent dans les mains des Hohenzollerns ; la Hongrie qui ne peut pas se décider à descendre au rang d'une province, pour sa récompense de s'être librement dévouée à la maison d'Autriche ; la nationalité roumaine entravée par l'éternel *veto* du cabinet de Vienne à tout ce qu'on entreprend en Europe ; le rétablissement de la Pologne, aussi bien que la question tout à fait opposée à ce rétablissement et dont elle dépend *absolument*, la question de l'absorption de tous les peuples slaves par la Russie, toutes ces questions sont enrayées par les intérêts de l'Autriche, c'est-à-dire, par les intérêts d'une dynastie qui est, (nous le répétons à dessein), l'unique *raison d'être* d'un empire factice, dont l'existence ne s'appuie que sur une négation universelle, mais dont la chute possible effraie l'Europe.

Eh bien ! cette négation universelle constitue aussi un vrai danger pour le reste de l'Europe ; car, en entravant ainsi l'action régulière et nécessaire des peuples et des gouvernements, elle pousse des millions d'hommes dans des voies révolutionnaires, et, par conséquent, périlleuses pour eux et pour les autres.

Et, en effet, si, d'une part, une des causes principales de l'incrédulité en Italie se trouve dans l'alliance intime de la cour de Rome avec l'Autriche, cette alliance rendant jusqu'à un certain degré le Pape responsable de l'oppression exercée sur ce pays par une puissance étrangère ; si la haine du germanisme représenté par l'Autriche facilite à la Russie la propagande panslave en Bohême, en Hongrie, en Gallicie et même dans les pays slaves et gréco-roumains de la Turquie, bien décidés, s'il leur faut subir un joug étranger, à préférer la Russie slave à l'Autriche tudesque ; d'autre part, la démagogie, forcée au silence en Italie par le seul fait d'un roi marchant à la tête des défenseurs de l'indépendance, ne peut que faire des progrès rapides dans ces pays, dont la nationalité est opprimée ou menacée au nom d'une prétendue légitimité, légitimité qui n'est au fond qu'une usurpation, et en même temps une odieuse exploitation exercée par une race étrangère au nom d'une dynastie établie dans le pays à force de ruse et de violence. On n'a qu'à lire l'histoire vraie de la Hongrie pour s'édifier sur la légitimité des Habsbourgs, pour se convaincre de quelle façon les rois électifs se sont transformés en rois héréditaires, et comment à présent, au nom de leur légitimité héréditaire, ils veulent changer ce beau royaume indépendant qui assura leur fortune en Europe en une province au profit d'un petit duché allemand devenu Empire.

C'est ainsi qu'un drapeau étranger dans un pays comme la Hongrie, la Pologne, la Bohême ou la Valachie, pousse fatalement les populations dans les voies ténébreuses de la démagogie. A ce sujet, point d'illusions !

Entre l'oppression étrangère et la révolution greffée sur les nobles instincts de l'indépendance nationale, il n'y a pas assez de place pour un parti national conservateur. — Contre la plaie de la démagogie, il n'y a pas d'autre remède que la justice et le drapeau de la gloire nationale. — Ce n'est pas Radetzki, c'est Victor-Emmanuel qui a vaincu Mazzini. C'est aussi la couronne d'Étienne Battory en Pologne et de Saint-Étienne en Hongrie qui peuvent mettre l'ordre dans les idées de ces deux peuples et calmer leurs passions excitées par l'oppression et la honte du joug étranger. Mais si, par malheur, avant la satisfaction donnée aux nationalités, il survenait une catastrophe en Russie ; si une révolution rouge, guidée par un essaim de petits bureaucrates corrompus jusqu'à la moelle des os, éclatait dans ce pays des knouts et des rapines, — alors, le drapeau démagogique, s'unissant au drapeau panslave, ne s'arrêterait pas à Varsovie ; il se dirigerait par Pesth et par Jassy sur Trieste et sur Constantinople ; alors, peut-être, les ultraconservateurs de tous les pays, ceux qui ont fait des vœux pour la Russie pendant la guerre d'Orient et pour l'Autriche pendant la guerre d'Italie, qui donnent le nom de révolutionnaires aux plus illustres représentants des nations spoliées par l'étranger, qui comptent toujours et partout sur les baïonnettes, pour ne pas compter avec la justice et l'histoire, se trouveraient déroutés dans le calcul de leur inintelligent égoïsme. Alors peut-être ils seraient contents de trouver un drapeau italien tenu par Victor-Emmanuel, qui resterait ferme à son poste comme celui de Léopold de Belgique, en 1848.

Nous sommes arrivé à ce dilemme que nous avons voulu établir : d'un côté l'existence d'un empire factice, s'opposant à l'indépendance de l'Italie, à l'organisation de l'Allemagne, à la solution des questions polonaise, hongroise, roumaine, et, par le seul fait de cette opposition, poussant ici à l'irréligion, ailleurs à la démagogie et au panslavisme ; ou bien la chute de cet empire qui effraie à juste titre l'Europe, par le vide qu'il ferait, par les ruines qu'il ajouterait aux ruines déjà assez grandes de la Turquie, par la surexcitation qu'il ne manquerait pas de donner aux convoitises de la Russie, — et tout cela au milieu d'une effrayante crise financière provoquée par la banqueroute d'un des plus grands débiteurs du monde civilisé ! — Dilemme aussi terrible que vrai et qu'on ne voit pas, en France, par l'ignorance des choses qui se passent au delà de l'Elbe ; en Allemagne, par l'orgueil de la race germanique qui, depuis la chute de l'Empire romain, se croit en droit de dominer les autres peuples ; en Russie, parce qu'on ne veut pas voir, la désorganisation de l'Europe étant dans l'intérêt du czarisme schismatique, ou de son successeur le panslavisme rouge.

Comment sortir de ce dilemme ? *That is the question ?*

Souvent le médecin ne peut que constater la maladie, laissant agir la nature.

Mais si le mal, tout incurable qu'il est, se trouve en même temps contagieux et menace tout le monde?..... Recherchons-en du moins la cause. Peut-être trouvera-t-on plus tard le remède.

La cause du mal se trouve souvent dans la vie du malade, dans son histoire.

Au quinzième siècle, la maison d'Autriche ressaisit le sceptre impérial, qui, pendant une certaine période, se trouva entre les mains de princes appartenant à d'autres familles électorales de l'Empire d'Allemagne. Sa grande fortune qui, par deux mariages, lui livra plus tard les vastes possessions des maisons de Bourgogne, d'Aragon et de Castille, est bien connue. Ce qui est moins connu, c'est la lutte qu'elle eut à soutenir avec une maison rivale, avant de s'emparer définitivement des couronnes électives de Bohême et de Hongrie, dont la possession donna à sa branche cadette la même importance au centre de l'Europe, que celle qui fut assurée à la branche aînée, au midi, par les mariages plus haut mentionnés. Cette lutte a rempli tout le quinzième siècle, et c'est à son résultat *que nous devons la situation actuelle de l'Europe.* Deux maisons rivales se disputaient la Bohême et la Hongrie. La maison d'Autriche, fière de la possession de la couronne impériale, mais sans aucune force réelle, et la maison royale des Jagellons, qui, après avoir réuni la Lithuanie avec les pays des deux côtés du Dnieper à la Pologne, et après avoir conquis la Prusse, devint prépondérante au nord de l'Europe, aussi bien par l'étendue de ses possessions que par les grandes batailles gagnées et les richesses provenant du commerce lucratif de ses nouvelles provinces baltiques. Mais ce qui, avant tout, asssurait aux Jagellons la victoire en Bohême et en Hongrie sur les Habsbourgs leurs rivaux, c'est leur nationalité et leur nature libérale, désintéressée, coupablement nonchalante même, à côté d'une brillante bravoure jointe à une honnêteté *quasi* bourgeoise. Ils n'é-

taient pas Allemands comme les Habsbourgs, ils n'appar-
tenaient pas à cette race germanisant tous les peuples
slaves entre l'Elbe et l'Oder, et s'avançant toujours vers
l'Orient avec le même sentiment qui guide aujourd'hui
encore les Américains dans leurs guerres contre les Peaux-
Rouges. Les Jagellons avaient beau être trompés par les
Habsbourgs, leur céder même volontairement la place par
désintéressement , la sympathie des Hongrois ne changeait
pas, malgré les intrigues des uns et la nonchalance des
autres, et les Jagellons régnèrent en Bohême et en Hongrie pendant un siècle environ presque sans interruption.
Deux d'entre eux sont morts au champ de bataille en re-
poussant l'invasion des Turcs débordant sur l'Europe, et
lorsque le dernier, le roi Louis II, tomba glorieusement à
Mohacz, les Hongrois et les Bohêmes supplièrent son oncle,
le plus illustre représentant de la race des Jagellons, le
roi de Pologne Sigismond Ier, de les gouverner en souverain, comme il les avait déjà une fois gouvernés pendant la
minorité de Louis, son héroïque neveu. C'était le moment
propice pour réunir les trois couronnes sous un même
sceptre et dans le même esprit de fraternité et de liberté,
qui présida un siècle et demi auparavant à la réunion de
la Lithuanie, non pas à la Pologne, mais *avec la Pologne.*
C'était alors le moment de poser les bases d'une triple
monarchie slave et magyare, unie par la sympathie réci-
proque des peuples et le respect de leurs nationalités dis-
tinctes, mais amies. C'est alors qu'aurait été étouffée dans
son germe, cette malheureuse question des nationalités qui
trouble le centre de l'Europe en pervertissant l'esprit et la
moralité des peuples conquérants et des peuples conquis.
Cette triple monarchie, une fois naturellement établie, il
n'y aurait *jamais* eu de danger de voir naître sous les ré-
gions glaciales l'idée d'un panslavisme qui menace l'Europe de l'asservissement et de l'absorption des Slaves occi-
dentaux ; car, à coup sûr, les séductions mogoles représen-

ces, n'importe par qui, par le czarisme schismatique ou
le panslavisme rouge, n'auraient pas de prise sur l'esprit
et le cœur des populations d'une monarchie grande, civi-
lisée et libre, fondée sur le respect des nationalités.

Mais le roi de Pologne refusa l'offre des Hongrois. Ce
refus, fut-il conseillé à Sigismond par ce désintéressement
des Jagellons vraiment unique dans l'histoire, ou bien par
la crainte d'attirer sur la Pologne (au moment d'une guerre
sanglante contre la Russie), les Turcs victorieux à Mohacz?
L'histoire ne le dit pas. Mais, dans tous les cas, Sigismond,
par des causes passagères, si ce n'est pas par une indolence
indigne du plus énergique des Jagellons, perdit l'occasion
de réunir ces trois peuples frères, pour leur bonheur et la
sûreté de l'Europe. Alors les Hongrois et les Bohêmes,
repoussés par Sigismond, jetèrent les yeux, à défaut d'autres descendants mâles de la famille jagelonnienne, sur la
sœur de leur dernier roi, Louis, mort à la bataille de Mohacz, ou plutôt sur son mari, Ferdinand d'Autriche. Élu
plus tard empereur, après la fameuse abdication de son
frère Charles-Quint, Ferdinand fut le fondateur de la seconde
branche de la maison de Habsbourg, dite d'Allemagne ou
impériale, distincte de la branche aînée, devenue tout à
fait espagnole.

C'est de ce moment que date cette politique autrichienne
qui aboutit finalement à ce *dilemme* que nous avons établi,
à cette situation malheureuse où la conservation et la
chute de l'Empire des Habsbourgs paraissent presque également dangereuses pour l'Europe.

Par l'influence que la possession de la Hongrie et de la
Bohême assurait aux Habsbourgs parmi les électeurs d'Allemagne, ils parvinrent à fixer la dignité impériale dans
leur maison, et par l'importance de la couronne impériale
et les secours de l'Allemagne, ils se rendirent héréditaires
en Bohême et en Hongrie. En pesant ainsi sur plusieurs
peuples à la fois et les opprimant les uns par les autres,

ils se servaient des phalanges de toutes ces nationalités diverses pour maintenir la prépondérance de leur maison dans l'Empire, et contrebalancer la puissance des Bourbons aux bords du Rhin et en Italie. — Cette politique, désastreuse aux peuples soumis à leur sceptre, et menaçante pour l'indépendance de l'occident de l'Europe, à cause de l'appui qu'elle trouvait dans la puissance de la branche espagnole, n'était pas moins dangereuse du côté du Nord. Jalouse de la grandeur des Jagellons, elle fomentait la rébellion du vassal de Prusse contre sa couronne de Pologne, et se liguait avec le czar contre elle. C'est ainsi que, tombée dans son propre piége, elle se prépara un rival en Allemagne et un dangereux voisin pour elle et pour l'Europe, sur ses frontières slaves.

La fondation d'une grande monarchie par la réunion volontaire des trois couronnes de Pologne, de Bohême et de Hongrie, aurait eu plusieurs avantages. Elle aurait servi de barrière contre les Turcs aux seizième et dix-septième siècles, et contre les Russes au dix-neuvième. Elle aurait épargné à l'Allemagne la pression des armes slavo-magyares sous le drapeau impérial, et en la laissant se débattre dans sa propre anarchie politico-religieuse, elle aurait arrêté la prétention qu'a la race germanique de tenir, au nom de ce même drapeau impérial, les autres races slave, magyare, latine et roumaine, sous sa domination. — En empêchant l'éclosion de la question des nationalités, provoquée par des réunions et des séparations de peuples également monstrueuses, elle aurait laissé à chaque nation la possibilité de régler son compte avec le mouvement subversif, lorsqu'il se présente, sans forcer pour ainsi dire l'élément conservateur de se jeter par haine de l'étranger dans les bras de la Russie en Orient, de l'irréligion en Italie, de la démagogie partout.

L'occasion de fonder cette monarchie puissante et préservatrice fut perdue par le refus de Sigismond Jagellon d'accepter l'héritage de son neveu Louis II. Voyons si elle ne s'est jamais présentée plus tard.

Oui, elle s'est présentée deux fois.

D'abord, un demi-siècle environ après la mort de Louis II. Les Jagellons s'étant éteints en Pologne, les Habsbourgs voulurent leur succéder par élection comme en Hongrie et en Bohême. Si, en gouvernant la Hongrie et la Bohême dans l'intervalle qui sépare l'extinction des deux branches jagelloniennes, ils avaient su renoncer, comme les Habsbourgs d'Espagne, au germanisme, il y a tout lieu de croire que le grand parti formé alors en Pologne en leur faveur aurait réussi ; mais la Pologne, à l'époque de sa gloire et de sa plus grande puissance, ne voulut pas descendre au rôle de la Bohême et de la Hongrie ; et tandis que le grand Zamoyski répétait : « *Point de Habsbourgs !* » les partisans de la maison d'Autriche eux-mêmes n'offraient la couronne des Jagellons qu'à la condition, non-seulement de se couronner, mais de demeurer en Pologne. On ne repoussait pas les Habsbourgs, on repoussait plutôt le germanisme et l'absorption dans un empire étranger. — Et, en effet, qu'importe l'origine étrangère de la famille royale, si l'indépendance du pays n'est pas menacée par sa nationalité ? L'Angleterre, sous les rois de la maison de Brunswick, et la Suède, sous les princes des Deux-Ponts, ont prospéré plus que sous les souverains de leur propre race ; mais les Anglais sous les Georges, aussi bien que les Suédois sous Charles-Gustave et ses successeurs, ont combattu pour la gloire, la prospérité et l'indépendance de l'Angleterre et de la Suède ; tandis que les Hongrois et les Bohêmes versèrent leur sang pour la gloire du nom allemand, pour la prospérité de l'Autriche et pour leur propre asservissement.

La Pologne, qui fut alors non-seulement un des plus vastes, mais aussi un des plus puissants États de l'Europe, ne voulut pas des Habsbourgs à ce prix, et l'occasion fut manquée, ce qui constitue peut-être un malheur historique; car, si la Pologne, grande et prospère, eût été ajoutée aux possessions des Habsbourgs, qui sait si alors la branche cadette n'eût pas été forcée, par la nature même des choses, d'imiter la postérité de Charles V, c'est à-dire de transporter le siége de sa puissance de Vienne à Cracovie, et, en abandonnant la dignité impériale pour l'héritage des Jagellons tout entier, comme Philippe II l'abandonna pour la couronne d'Espagne, de réaliser ce que Sigismond n'osa pas ou ne voulut pas faire?

La dernière occasion s'est présentée de notre temps. Si le sang sacrifié à Solferino eût été, quelques années plus tôt, versé dans les plaines de Kief, et si l'héritage des Jagellons eût été offert au chef de la maison d'Autriche, à la place des provinces italiennes laissées à l'Italie et de l'Autriche proprement dite laissée à l'Allemagne; alors les questions de l'indépendance de l'Italie, de l'antagonisme de l'Autriche et de la Prusse en Allemagne, du rétablissement de la Pologne, de la nationalité hongroise et bohême, de l'absorption des Slaves par la Russie, de la propagande démagogique dans les pays subjugués et de la surexcitation irréligieuse en Italie, seraient tranchées d'un seul coup.

C'est une utopie! Un Habsbourg-Lorraine au château de Cracovie, à deux pas de cette cathédrale où reposent les cendres de tant de Jagellons et de Sobieski sauveur de l'Autriche, gouvernant, à la place du grand Sigismond, la Pologne par des Polonais, la Hongrie par des Hongrois et la Bohême par des Bohêmes, assurant la tranquillité internationale et aidant Napoléon III dans le grand dessein d'asseoir la société européenne sur les bases solides du respect de l'autorité et des nationalités, aidé lui-même dans cette œuvre par un parti conservateur des trois royaumes, parti aujourd'hui ballotté entre la haine du joug étranger et la crainte de la démagogie ; quelle utopie !

Restons donc *dans le dilemme* jusqu'à ce que la Providence daigne le résoudre par un miracle ou bien par une catastrophe !!!

Paris, 10 février 1860.

BIBLIOTHEQUE NATIONALE DE FRANCE
3 7502 04454378 5